In der Propstei

JODOCUS DONATUS HUBERTUS TEMME

Veröffentlicht in 1866

TABLE OF CONTENTS

DER RICHTIGE CASSENBEAMTE

Zu einem richtigen Cassenbeamten gehört ein graues, faltiges Gesicht und ein grauer, weiter Ueberrock, in welchem weite, bequeme Taschen sein müssen, auch vorn zu beiden Seiten, sodaß man jeden Augenblick hineinlangen kann, besonders nach Taschentuch und Schnupftabaksdose. Denn zu dem richtigen Cassenbeamten gehört ferner eine Dose, und wie das Schnupftuch von bunter Seide sein muß, so darf die Dose weder von Gold, noch von Silber, sondern sie muß von feinem Schildpatt sein und schon etwas dunkelbraun, damit man ihr das Alter ansieht. Und warum das Alles? Der Cassenbeamte ist eigentlich der wichtigste Beamte im Staate; ohne Geld und ohne Cassen kann keine Regierung, also auch kein Staat bestehen. Der Cassenbeamte muß mithin auch besondere Garantien für die tüchtige Verwaltung seines Amtes darbieten, und namentlich ein Mann von conservativer Gesinnung und solidem Charakter sein. Er darf daher zum Beispiel keine goldene Dose führen und auch mit der bescheidneren schildpattenen nicht zu oft wechseln; die goldene würde Luxus anzeigen und zugleich Ueberhebung, denn der Präsident führt sie; das Wechseln aber zeigte einen gefährlichen Hang zum Neuen und zum Neuern. Der richtige Cassenbeamte muß im Uebrigen auch noch scharfe Augen, ein gemessenes Wesen und eine unerschütterliche Ruhe besitzen; Millionen gehen durch seine Hände und an einem einzigen Pfennig zu viel oder zu wenig hängt seine Ehre.

Ein solcher richtiger Cassenbeamter war der Landrentmeister Aders. Doch er war es nicht ganz; einmal verlor er seine Ruhe. Er war, wie gewöhnlich, des Morgens um neun Uhr in das Regierungsgebäude und in das Cassenzimmer getreten. In dem Zimmer waren seine Untergebenen schon an ihrer Arbeit; der Cassencontroleur, ein paar Cassenschreiber, zwei Cassendiener. Controleur und Schreiber lagen emsig dem stillen Geschäfte des Rechnens und Schreibens ob; der eine Diener heftete Acten, der andere falzte Papier zu Geldrollen.

Der Landrentmeister Aders war mit der ruhigen Würde des Chefs eingetreten; er wurde von den Untergebenen ehrfurchtsvoll gegrüßt. Dann sah er nach den an die Casse eingegangenen Schreiben, die bis zu seiner Ankunft uneröffnet da lagen. Ein Wink an den zweiten Diener befahl diesem, sie zu öffnen. Darauf setzte er sich in seinen großen Arbeitssessel. Der Diener trat mit einer Scheere an seine Seite, schnitt die Couverts der Briefe auf, entfaltete sie und legte sie auf den Schreibtisch. Nachdem der Landrentmeister sie alle gelesen hatte, erhob er sich wieder. Mit einem Briefe in der Hand begab er sich zu dem Arbeitspulte des Cassencontroleurs, eines kleinen verwachsenen Männchens, welches stehend arbeiten mußte und es mit den großen Cassenbüchern zu thun hatte.

„Lieber Schulze," sagte der Landrentmeister zu dem Controleur, „tragen Sie doch die Verausgabung von hunderttausend Thalern ein."

Es waren die ersten Worte, die seit dem Eintreten des Landrentmeisters gesprochen waren, und er sprach sie mit seiner ganzen unerschütterlichen Ruhe.

Der Controleur hörte sie ruhig an. Hunderttausend Thaler auf einem Bret auszuzahlen, war bei der großen Casse eben nichts Außergewöhnliches; aber der kleine, buckelige Mann mußte einen Blick in die Schrift werfen, auf deren Grund die Zahlung geschehen sollte. Vermöge seines Buckels war er ein lebhafter Mann, und er durfte es sein, er selbst hatte ja keinen Pfennig einzunehmen und auszugeben, sondern nur die Einnahmen und Zahlungen des Landrentmeisters in die Contobücher einzutragen, und wenn tausend Thaler oder noch mehr zu viel ausgezahlt waren, so ging ihn das nichts an, der Landrentmeister hatte den Schaden zu tragen und mußte ihn tragen und durfte das Geld nicht zurücknehmen, wenn der ehrliche Empfänger es ihm auch zurückbrachte; denn die Ehre des richtigen Cassenbeamten litt nicht, einzugestehen, daß er sich geirrt haben könne. Als der kleine Mann einen Blick in das Schreiben geworfen hatte, fuhr er auf.

„Herr Landrentmeister –"

Der Landrentmeister sah ihn ruhig an, nicht einmal verwundert.

„Was giebt es, lieber Schulze?"

„Hunderttausend Thaler!"

„Wie Sie sehen."

„Aber schon wieder? Erst vor acht Tagen!"

„Darf ich bitten einzutragen?"

„Und extraordinarie, Herr Landrentmeister! Neben allem Ordinarium! Wo soll das hinaus? Da muß der Staat –"

Zu Grunde gehen! wollte der lebhafte kleine Mann ausrufen. Der Landrentmeister kam ihm mit einem verweisenden und auf die Schreiber und Diener hinübergleitenden Blicke zuvor. Der Kleine trug in seine großen Bücher ein. Aber er mußte in seinem Eifer für sich nach- oder vorsprechen, was er schrieb.

„Einmalhunderttausend Thaler, nach Hofe, für Serenissimus."

Dann sprach er in seinem Zorn weiter, allein das schrieb er nicht: „Für Jagden, für Spiel, für Champagner, für junge und alte –"

„Schulze, räsonniren Sie nicht," unterbrach ihn der Landrentmeister.

„Inwendig räsonniren darf jeder Mensch," sagte Schulze. „Und jede Woche hunderttausend Thaler extraordinarie, für solche –"

Aber er brach von selbst ab, denn er war mit seinem Eintragen fertig. Der Landrentmeister nahm das Schreiben vom Hofe wieder an sich, legte es auf seinen Arbeitstisch, zog aus der Brusttasche seines grauen Ueberrocks zwei Schlüssel hervor und ging zu dem Cassengewölbe, um es aufzuschließen und die hunderttausend Thaler herauszunehmen.

Das Gewölbe befand sich unmittelbar an dem Cassenzimmer, zu welchem eine Flügelthür von schwerem Eisen hineinführte; zwei ungewöhnlich starke eiserne Stäbe, im Kreuz vor sie gelegt und festgeschlossen, sicherten den Verschluß der Thür. Der Landrentmeister öffnete mit dem einen seiner beiden Schlüssel den Verschluß der Kreuzstäbe, mit dem andern die Thür und trat dann in das Gewölbe, zu dem drei steinerne Stufen hinunterführten. Das Cassenzimmer lag zu ebener Erde. Das Gewölbe war daher kellerartig einige Fuß tief in die Erde eingegraben. Es war rund und geräumig und erhielt sein Licht durch drei lange, schmale Fenster, die mit starken eisernen Kreuzgittern versehen waren. Die Fenster zeigten zugleich eine Dicke der Mauern von mindestens fünf Fuß. An den Mauern rund umher befanden sich verschlossene eiserne Schränke.

Der Landrentmeister ging zu einem der Schränke, zu dem, der gerade der Thür gegenüber war, und schloß ihn auf mit einem dritten Schlüssel, den er auch aus seiner Brusttasche nahm. Der Schrank hatte Reihen von offenen Fächern. In jedem sah man Geldrollen, Pakete abgezählter Banknoten. Der Staat konnte, trotz jenes unterdrückten Ausrufs des Controleurs, noch lange nicht zu Grunde gehen. Der Landrentmeister wandte Blick und Hand nach einem mittleren Fache. Es lagen neben dem Pakete mit den Banknoten kleinere Rollen darin, also Goldrollen. Indem seine Hand sich nach jenen ausstreckte, hatte sein Blick Alles überflogen. Er stutzte und eine leichte Blässe glitt über sein Gesicht. Er zog die Hand zurück, heftete aber den Blick desto fester auf die Rollen, in eine Ecke, in der nichts lag. Wie er vorher Alles nur rasch überflogen hatte, so zählte er jetzt die Goldrollen. Aber er wurde unruhig und blässer. Er sah wieder in die leere Ecke, brachte die Hand wieder in das Fach und faßte Rolle für Rolle an und zählte so noch einmal ab. Er wurde leichenblaß und sah sich nach einem Stuhl um, der in dem Gewölbe stand; er schwankte zu ihm und fiel auf ihn nieder; der Kopf sank ihm auf die Brust; von der Stirn tröpfelte ihm der kalte Schweiß. In diesem Augenblicke war er nicht der richtige Cassenbeamte mit der unerschütterlichen Ruhe und Geistesgegenwart. Aber er wurde es wieder; es dauerte freilich lange. Er zog seine schildpattene Tabaksdose hervor und nahm eine Prise. Dann konnte er aufstehen. Noch einmal warf er einen Blick in den Schrank, in das Fach, entdeckte aber nichts Tröstliches. Er hatte seinen Entschluß gefaßt und kehrte in das Cassenzimmer zurück. Sein Schritt war noch schwankend, sein Gesicht noch kreideweiß; die drei steinernen Stufen konnte er nur mit Mühe ersteigen. In dem Cassenzimmer mußte er sich in seinen Sessel werfen.

„Schmidt!" rief er dann.

„Herr Landrentmeister befehlen?" fragte der zweite Cassendiener.

„Ein Glas Wasser!"

Der Diener ging, es zu holen. Aber der Landrentmeister hatte mit einer so eigenen, gebrochenen, tonlosen Stimme gesprochen. Die beiden Schreiber und der erste Diener wagten nicht von ihrer Arbeit nach ihm aufzusehen. Der Controleur mußte es. Er sah das bleiche Gesicht, die nasse Stirn, die erloschenen Augen und sprang zu ihm hin.

„Herr des Himmels, Herr Landrentmeister, was ist Ihnen?"

„Ich bekam einen Schwindel, lieber Schulze."

„Einen Schwindel? Das ist Ihnen ja in Ihrem Leben noch nicht passirt."

„Nein, das ist mir in meinem Leben noch nicht passirt, und es hätte gar nicht passiren sollen."

„Nun, nun, Herr Landrentmeister, es wird vorübergehen."

„Vorübergehen? Nein, nein –"

„Sie nehmen es zu tragisch. Was ist denn ein Schwindel?"

„Mein Tod, mein Ruin!"

„Ein einfacher Schwindel?"

Die Frage und der plötzlich stutzende und forschende Blick des Controleurs dabei gaben dem Landrentmeister seine Geistesgegenwart und seine Stellung zurück.

„Ah, es ist vorüber, mir wird wieder wohl," sagte er.

Er nahm das Glas Wasser, das ihm der Diener brachte, und dann eine zweite Prise.

„Nun, ich wußte es," meinte der Controleur und kehrte an sein Pult zurück. Der Landrentmeister aber nahm seine Bücher vor, schlug und rechnete lange darin nach und hatte dabei ganz das Aussehen eines Mannes, der nichts als ein Rechenknecht ist; er ging darauf in das Cassengewölbe zurück, trat noch einmal an den geöffneten Schrank, zählte noch einmal die Goldrollen, faltete die Hände und sprach leise vor sich hin: „Gerechter Gott, es bleibt dabei!" Dann raffte er sich wieder auf, nahm aus dem Schranke einen Haufen Banknotenpakete hervor und zählte mit sicherer

Hand zehn Pakete ab; jedes derselben enthielt nach der Etikette darauf zehntausend Thaler. Er verschloß den Schrank wieder, trug die hunderttausend Thaler in das Cassenzimmer, verschloß das Gewölbe, ließ in seiner Gegenwart die zehn kleinen Pakete zu einem großen durch den Cassendiener Schmidt zusammenlegen, dieses mit einem Umschlage versehen, zuschnüren und versiegeln, machte selbst die Aufschrift darauf und sagte dann zu dem Controleur:

„Lieber Schulze, Sie begleiten den Schmidt wohl mit dem Gelde zur Post?"

Schulze und Schmidt gingen, das Geld zur Post zu tragen. Der Landrentmeister nahm ruhig, als wenn nichts vorgefallen sei, seine Arbeit wieder auf und setzte diese, nach der Rückkehr der beiden Beamten, ununterbrochen fort, bis die große Wanduhr in dem Zimmer eins schlug. Die Bureaustunden für den Vormittag waren damit geschlossen; sämmtliche Beamte verließen das Cassenzimmer, um ihr Mittagsmahl einzunehmen. Um drei Uhr Nachmittags wurde das Bureau wieder geöffnet.

Der Landrentmeister ging nicht zu Tisch, sondern nahm eine Droschke und fuhr zu dem Polizeirath Schwarz. Derselbe war ein richtiger Polizeimann, wie der Landrentmeister ein richtiger Cassenbeamter war. Er hatte daher eine feine Nase, auf der er eine goldene Brille trug, und führte eine kostbare goldene Tabatière, die er für geleistete Dienste von einem fremden Potentaten zum Geschenk erhalten hatte. Seine große Seelenruhe und seine hellen Augen gaben der Ruhe und dem Blick des Landrentmeisters nichts nach, dagegen war er ein rascher Mann in seinen Bewegungen. Die Beiden waren alte Freunde.

„Schwarz, Ihr müßt mir helfen," begann der Landrentmeister.

„Teufel, Freund Aders, Ihr seid bestohlen!" frug Schwarz.

„Ihr wißt es schon?"

„Ich sehe es Euch an."

„Hätte ich so meine Contenance verloren?"

„Ja. Es muß schlimm sein. Aber erzählt."

„Mir sind sechzigtausend Thaler gestohlen."

„Hm, ha, wann?" rief der Polizeirath.

„In der vorigen Nacht."

„Und wo?"

„Aus meiner Casse."

„Und der Dieb?"

„Den sollt Ihr mir suchen helfen."

„Hm, Suchen ist leicht — auf das Finden kommt es an. Die Art des Diebstahls?"

„Ist für mich unergründlich."

„Die Spuren?"

„Ich habe keine entdeckt."

„Aber so erzählt."

Der Landrentmeister erzählte.

„Hm, hm! Auf wen habt Ihr Verdacht?"

„Auf Niemanden."

„Eure Cassenbeamten —"

„Sind die ehrlichsten Menschen von der Welt, alte, treue, bewährte Beamte."

„Treu ist kein Mensch. Aber gehen wir zu Eurer Casse. Von dem Orte eines Verbrechens aus ziehen sich die Fäden zur Entdeckung und Verfolgung des Verbrechers, oft von ihm selbst, oft von der Vorsehung gesponnen und gewoben, manchmal neben einander laufend, daß man bald zum Ziele gelangt, manchmal aber auch kreisförmig sich ausbreitend und zerstreuend; man kommt aber auch dann zum Ziele."

Sie gingen zu der Casse des Landrentmeisters, die sich in dem Regierungsgebäude befand. Das Regierungsgebäude, ein großes, stattliches Gebäude, war ein ehemaliges Norbertinerkloster und lag am Ende der Stadt; die Norbertiner waren ein reicher Orden; darum waren sie auch überall die ersten Mönche, die von den Regierungen aufgehoben wurden. Der Landrentmeister führte den Polizeibeamten in sein Cassenzimmer, zeigte ihm den festen, unverletzten Verschluß des Gewölbes, führte ihn dann in das Cassengewölbe, zeigte ihm den eben so festen und unverletzten Verschluß der Fenster und des Schrankes. Der Polizeirath besichtigte mit seinem scharfen und erfahrenen Auge Alles genau, stieg auf einer Leiter, die da stand, zu den Fenstern hinan, fand sie unverletzt, von innen verschlossen, konnte die eisernen Stangen nicht biegen und nicht rütteln.

„Von hier aus ist Niemand in den Schrank gekommen," sagte der Polizeirath.

„Durch die Mauer hinter dem Schranke dann, meint Ihr?" fragte der Landrentmeister. „Seht Euch die fünf Fuß starken Mauern an."

„Schließt den Schrank auf."

Der Cassenbeamte schloß den Schrank auf.

„Zeigt mir die Stelle, wo das gestohlene Geld lag."

Der Landrentmeister wies nach der leeren Ecke rechts in dem mittleren Fach.

„Und was noch vorhanden ist, lag, wie es jetzt liegt?"

„Ganz so. Ich habe nichts davon verrückt. Ich nahm nur hunderttausend Thaler in Banknoten davon."

„Das war die schleunige Zahlung, die Ihr zu machen hattet?"

„Ja."

„An wen?"

„Nach Hofe."

„Teufel, die verbrauchen viel Geld. Aber was geht es mich an? Ein Beamter darf nicht räsonniren, wenn er sein Gehalt bekommt, ein Polizeibeamter am allerwenigsten; sie thun es zwar am meisten, aber andere Leute dürfen es nicht hören. Indeß, bleiben wir bei dem Geschäft."

Er nahm eine der Goldrollen auf, die in dem Fache lagen.

„Wie viel wiegt ein solches Ding?"

„Etwa zwei Pfund."

„Und sechzig solcher Rollen fehlen?"

„Gerade sechzig."

„Die machen hundertundzwanzig Pfund. So viel hat ein einzelner Mann nicht forttragen können."

„Wenigstens nicht wohl auf einmal."

„Er hätte also mehrmals zurückkehren müssen und dazu mußte er in der Nähe wohnen oder ein Versteck haben. Bringt Euch das auf Jemanden?"

„Nein."

„Dann vielleicht ein anderer Umstand. Das gestohlene Geld betrug sechzigtausend Thaler. Wie viel wiegen sechzigtausend Thaler Banknoten?"

„Vielleicht ein halbes Pfund."

„Warum nahm der Dieb nicht die Banknoten, nach denen er die Hand nicht weiter auszustrecken brauchte, als nach dem Golde?"

„Die Nummern der Banknoten sind in unsern Cassenregistern verzeichnet; sie liegen hier so, wie sie von der Centralcasse eingeliefert wurden."

„Ah, ah, das wußte also der Dieb!"

„Es scheint in der That so."

„Untersuchen wir weiter. Der Schrank hat hinten keine besondere Wand, nur Seitenwände und diese sind in die nackte Mauer eingefügt, freilich mit starken, festen eisernen Klammern."

„Und die Mauer hat eine Stärke von fünf Fuß," sagte der Cassenbeamte.

„Auch hier? Darauf kommt es an."

„Es dürfte kaum darauf ankommen. Draußen steht Tag und Nacht eine Schildwache."

„Bah, um bei Tage zu träumen und bei Nacht zu schlafen. Ich kenne diese Bauernburschen. Untersuchen wir daher trotz Eurer Schildwache. Zu sehen ist hier nichts mehr. Die Mauer ist fest. Die Steine sind Kolosse, wie Fundamentsteine; sie sind zusammen und ineinander gefugt, als wenn sie so für die Ewigkeit beisammen bleiben sollten. Aber fühlen wir einmal. Ihr macht ein höhnisches Gesicht, daß ich mit der Hand fühlen will, ob eine Mauer fünf Fuß dick ist?"

Der Landrentmeister antwortete nicht. Der Polizeirath klopfte mit den Knöcheln seiner Finger an die großen Steine der Mauer, an jeden einzelnen, langsam, bei jedem Klopfen auf den Klang horchend.

„Es ist nichts," sagte er. „Stark und fest, wie für die Ewigkeit."

Auf einmal stutzte er.

„Ah, was war das?"

Er hatte an einen besonders großen Stein geklopft. Er schlug noch einmal daran.

„Habt Ihr etwas?" fragte der Landrentmeister.

Diesmal antwortete der Polizeirath nicht. Er betastete den Stein auf allen Seiten, die ganze Einfassung.

„Es ist nichts," sagte er dann. „Fest, wie die Mauer selbst."

Er wiederholte dennoch das Schlagen an den Stein.

„Und doch dieser Klang, als wenn da etwas hohl oder lose wäre."

Er faßte noch einmal den Stein an, mit beiden Händen und suchte ihn zu schieben, zu rucken. Er stemmte beide Arme gegen ihn, aber der Stein rührte sich nicht.

„Helft mir!" sagte er zu dem Cassenbeamten.

Der Landrentmeister half ihm. Sie drückten gegen den Stein, daß ihnen der Schweiß ausbrach, nicht der kalte Angstschweiß, recht heiße Perlen der Anstrengung rannen ihnen über das Gesicht. Aber der Stein rührte sich nicht.

„Wir sind ein paar Narren," sagte der Polizeirath. „Der Stein sitzt für Jahrtausende. Und doch der verdammte Klang! Gehen wir nach außen."

Sie gingen nach außen. Der Landrentmeister schloß vorher Schrank, Gewölbe, Cassenzimmer sorgfältig ab. Es war noch vor drei Uhr; seine Beamten waren noch nicht wieder da.

Das stattliche Kloster, das jetzt als Regierungsgebäude diente, hatte früher außerhalb der Ringmauer vor den Thoren der Stadt gelegen. Ringmauer und Thore waren längst gefallen, denn der Umfang der Stadt hatte sich überall erweitert, jedoch in der Gegend des Klosters oder „der Regierung", wie es jetzt genannt wurde, nicht über dessen Mauern hinaus. Das Gebäude lag mit seinem linken Flügel nach der Stadt zu. Auf seinem rechten Flügel hatte früher die Kirche gestanden, in unmittelbarem Zusammenhange mit der Klostermauer. Sie war später, nach Aufhebung des Klosters, niedergerissen und zu Geschäftsräumen für die Landesregierung umgebaut; nur die ungewöhnlich starken Mauern an ihrem Ende hatte man stehen lassen, um hier die Cassenlocale anzulegen. Das äußerste Ende, gerade da, wo früher der Hochaltar gestanden hatte, bildete jetzt das Cassengewölbe.

Dorthin hatten der Landrentmeister und der Polizeirath ihre Schritte gelenkt. Die runde Ecke der ehemaligen Kirche lag frei da, von der Stadt abgewandt. Ein leerer Rasenplatz umfaßte sie, auf dem nur ein Schilderhaus stand; er hatte eine Breite von zehn bis zwölf Fuß. An ihn schloß sich unmittelbar ein großer, fast parkähnlicher Garten an, mit Obstbäumen, Boskets, Alleen. An seinem jenseitigen Ende, in einer Entfernung von sechs bis acht Minuten, ragte über den Bäumen das hohe, spitze Dach eines dem Anscheine nach größeren Gebäudes hervor. Zu ihm gehörte der Garten. Es war in der Klosterzeit die Wohnung des Propstes gewesen und hieß daher auch noch jetzt die Propstei. Gegenwärtig war es die Amtswohnung des Präsidenten der Regierung. Der Polizeirath besichtigte Alles genau.

„Eine polizeiliche Wüste!" sagte er dann. „Keine Lücke und keine Stütze, an der ein Auge, das einem Verbrechen nachspürt, sich erlaben könnte. Das Ding, Euer ganzes Cassengewölbe, liegt wie ein uneinnehmbarer Festungsthurm da. Die Mauern sind ihre fünf Fuß stark; man sieht es hier erst recht. Die Steine darin wie eingelöthet. Die Fenster so schmal, daß kein Schneider, und die eisernen Stäbe darin so dicht beisammen, daß keine Katze hindurch könnte. Und zum Ueberfluß ist auch noch die Schildwache da. Also, Freund Aders! Wißt Ihr sonst noch etwas?"

Der Landrentmeister wußte nichts. Auf einmal sah man die Augen des Polizeiraths so sonderbar groß werden. Sie maßen die Höhe der Mauer, die Größe der Steine, und schienen in den Erdboden dringen zu wollen.

„Alle Teufel!" rief er.

„Was habt Ihr, Schwarz?"

„Alle Wetter, Freund Aders, von Eurem Cassenzimmer mußten wir in das Gewölbe hinuntersteigen?"

„Ihr wart ja da."

„Wie viele Stufen waren es?"

„Drei, und sie sind hoch."

„Und hier von außen liegt um das Gemäuer die Erde hoch. Und und –"

„Was habt Ihr, Schwarz? Was rechnet Ihr?"

„Still, still!"

„Aber, wohin schaut Ihr denn da?"

„Stört mich nicht in meinen Gedanken."

Der Polizeirath hatte, wie man sagt, im Kopfe gerechnet, auch wohl gemessen. Dann war sein Blick über die nahe niedrige Hecke hinweg in den Propsteigarten geglitten, über den Garten hinweg auf das Gebäude, dessen hohes, spitzes Dach hinten über die Bäume und Alleen emporragte. Er stand lange in seinen Gedanken, in denen er nicht gestört werden wollte.

„Was sehet Ihr da?" fragte ihn der Landrentmeister.

„Nichts!"

„Aber, Schwarz, Ihr habt etwas. Was ist es?"

„Weiß schon Jemand von dem Diebstahle, Aders?"

„Außer uns Beiden weiß kein Mensch davon."

„So sagt auch ferner keinem Menschen davon."

„Was sprecht Ihr da wieder?"

„Außer uns Beiden darf Niemand den Diebstahl erfahren."

„Aber, Mann, ich muß ja die pflichtgemäße Anzeige an meinen Vorgesetzten machen."

„Ihr habt sie mir gemacht."

„Ihr seid nicht mein Vorgesetzter."

„Euer Vorgesetzter hat, wie Ihr wißt, heute eine Leiche in seiner Familie und ich nehme Alles auf mich; Ihr wißt, die Polizei kann Vieles auf sich nehmen."

„Und wenn heute Nacht noch einmal sechzigtausend Thaler, wenn mir die ganze Casse gestohlen wird?"

„Ich nehme auch das auf mich."

„Ihr?"

„Ja, ich. Aber wann verlassen heute Abend Eure Leute das Bureau?"

„Um sechs."

„Erwartet mich nach sechs in Eurem Cassenzimmer. Bringt die Schlüssel des Gewölbes und der Schränke mit. Dann sorgt, daß wir Beiden allein sind."

„Was habt Ihr vor?"

„Adieu!"

Der Polizeirath ging und der Landrentmeister sah ihm kopfschüttelnd nach.

EIN LEICHENBEGÄNGNISS

Die Propstei war die Amtswohnung des Präsidenten der Landesregierung. Der Präsident der Regierung, Freiherr von Ballard, wohnte ganz allein in dem großen Gebäude; nur seine Enkelin war bei ihm und wenige Bedienung. Bis vor zwei Tagen hatte auch noch seine Tochter bei ihm gewohnt, aber jetzt war nur noch ihre Leiche da; sie sollte heute Abend begraben werden. Der Präsident von Ballard gehörte einer der ältesten adeligen Familien des Landes an. Früher waren die Freiherren von Ballard auch reich, eine der reichsten Familien im Lande gewesen. Das war aber nicht mehr so. Der Grund war folgender:

Zur Zeit Ludwigs des Vierzehnten von Frankreich hatte ein Herr von Ballard seinem Landesfürsten einen wesentlichen Dienst geleistet. Der gedachte König hatte nämlich die Liebhaberei, seinen Nachbarn nach rechts und nach links ihre Länder wegzunehmen, von Rechtswegen natürlich. Das bloße, nackte Recht der Eroberung brachte erst später der erste französische Kaiser wieder zur europäischen Geltung. Ludwig der Vierzehnte errichtete seine Reunionskammern; die mußten die Sache untersuchen und den Rechtsausspruch thun: für Frankreichs Sicherheit sei es nothwendig, daß die Länder mit Frankreich vereinigt würden; dann sandte der König seine Armeen hin und ließ die Länder in Besitz nehmen. Auch auf das Land des Fürsten, dessen Unterthan der Freiherr von Ballard war, hatte der französische König seine Augen geworfen. Der Freiherr, der damalige, wußte die Gefahr abzuwenden, durch diplomatische Klugheit und Gewandtheit, durch eigene Opfer. Der Fürst behielt sein Land, und er schwor dem Freiherrn ewige Dankbarkeit, für sich und für ihre beiderseitigen Nachkommen, so lange es noch Fürsten des Landes und in dem Lande noch Freiherren von Ballard gebe. Allein mit einem ewigen Dank ist es wie mit einem ewigen Frieden. Auch die Freiherren von Ballard erfuhren es, und der letzte Freiherr von Ballard, der, dem heute die Tochter sollte begraben werden, hatte es erst recht erfahren, und weil sie es erfahren mußten, gingen sie zu Grunde. Indeß, kein Mensch und kein Geschlecht – und kein Volk – geht zu Grunde ohne eigene Schuld, sei es auch nur Mitschuld. Die Freiherren von Ballard, indem sie der Gunst ihrer Fürsten sich sicher wußten oder glaubten, wurden übermüthig, wollten werden gleich den Fürsten und verloren dadurch das Paradies ihres Reichthums und der Gnade ihrer Fürsten.

Nur Eins hatten sie bewahrt. Seit Menschengedenken war immer ein Freiherr von Ballard der oberste Verwaltungsbeamte der Provinz gewesen, in früheren Zeiten als Amtshauptleute, dann als Landdrosten, zuletzt als Regierungspräsidenten. Seitdem, bald nach der Reformation, das reiche Norbertinerkloster aufgehoben war, hatten sie auch in der geräumigen und stattlichen Propstei stets ihre Amtswohnung gehabt. Im Lande sagte man: die Stelle des Regierungspräsidenten ist bei den Ballards erblich, und die Propstei ist ihr Eigenthum. Ganz so war es freilich nicht. Der letzte Präsident von Ballard war ein stolzer, strenger Mann. Er wollte den Reichthum und Glanz seiner Familie wieder herstellen und versuchte das an dem Hofe seines Fürsten. An den Höfen der Fürsten wird der Adel mächtig, geht er aber auch wohl zu Grunde. Der Freiherr fand die Gunst, gar die Freundschaft des Fürsten. Er gewann Ansehen, eine reiche, schöne, junge Gräfin zur Frau. Aber die schöne, vornehme Frau war leichtsinnig, verschwenderisch, brachte ihr eigenes Vermögen durch, den Rest dessen, was der Freiherr noch besessen und sich neu erworben hatte. Er mußte, um nicht zum Bettler zu werden, sich auf seine Präsidentenstelle und in deren Propstei zurückziehen. Viel half es ihm auch nicht. Seiner Gemahlin behagte das Leben in oder bei der Provinzstadt nicht; sie hielt sich meist in der Residenz auf, mit ihrer Tochter, dem einzigen Kinde der beiden Gatten, einer bildschönen, jungen Dame, schöner, als die Mutter in ihrer glänzendsten Jugendzeit jemals gewesen war, dabei brav, edel und –. Aber welchen Schutz gewähren Bravheit und edler Sinn gegenüber einer leichtsinnigen und genußsüchtigen Mutter!

Eines Tages hatte der Präsident Briefe aus der Residenz erhalten, nach deren Lesung er sich den ganzen Tag in sein Cabinet einschloß. Am andern Morgen früh hatte er seinem alten Kammerdiener geklingelt, der mit ihm aufgewachsen und sein Vertrauter war. Er hatte lange mit ihm gesprochen; dann hatte der Diener gepackt und den Reisewagen bestellt. Eine halbe Stunde später waren Herr und Diener abgefahren; den ersten hatte kein Mensch auf der Propstei mehr gesehen. Der Kutscher war nur bis zur nächsten Station genommen worden, hier hatte der Kammerdiener Extrapostpferde bestellt; wohin, hatte der Kutscher nicht erfahren. Aber dieser hatte den Präsidenten gesehen, und als er zur Propstei zurückkehrte, sagte er: „Der gnädige Herr sah ganz verstört aus, fast nicht mehr wie ein Mensch."

Nach sechs Wochen war der Präsident zurückgekommen; er brachte seine Frau mit, auch seine Tochter. Die Frau war leidend; sie verließ die Propstei nicht und sah Niemanden. Die Tochter war in tiefer Trauer; sie sei Wittwe, hieß es, ihr Mann sei im Bade gestorben. Frau von Brokfelden wurde sie genannt; kein Mensch kannte den Namen. Der Präsident war stolzer, strenger, finsterer, denn je. Er gab keine Gesellschaften mehr und besuchte keine, sondern lebte nur seinem Amte und seiner Tochter; an ihr hing er mit der zärtlichsten, liebevollsten Sorgfalt. Seine Frau sah auch ihn nicht und er sah sie nicht. Aus der Residenz waren seiner Rückkehr sonderbare Gerüchte gefolgt.

Nach einem halben Jahre gebar seine Tochter, die Wittwe, ein Mädchen. Bald darauf starb seine Frau. Es mußten schwere Schläge sein, die sie getroffen und ihren Tod so früh herbeigeführt hatten. Dieser änderte nichts, weder an der Stimmung, noch an der Lebensweise des Präsidenten. Seine Tochter mußte dann aber bald seine Liebe und Zärtlichkeit für sie mit ihrem Kinde theilen und sie that es gern. Man konnte kein schöneres Kind sehen, als die Enkelin des Präsidenten, auch kein liebenswürdigeres. Und so wuchs sie herauf, so blühte sie auf zur Jungfrau. Sie hatte sich aus sich selbst so entwickelt. Ihre Mutter kränkelte, fast von der Zeit der Geburt des Kindes an. Dem Präsidenten fehlte es an Zeit, auch wohl an Zeug und Lust, sich unmittelbar der Ausbildung des Kindes anzunehmen. Er gab ihr indeß tüchtige Lehrer und Lehrerinnen, keine Erzieherin: diese hätte er in sein Haus nehmen, oder er hätte das Kind ihr außer dem Hause übergeben müssen. Für das Eine war ihm sein Familienleben zu heilig geworden, als daß er eine Fremde darin hätte aufnehmen können; für das Andere war die Liebe der Mutter wie des Großvaters zu dem Kinde eine zu heilige. Für Beides wirkte auch wohl ein Familiengeheimniß mit.

Fast nur sich selbst überlassen, wuchs das Kind auf, in den hohen, einsamen, stillen Räumen der alten Propstei, in dem weiten Garten, der auf der einen, in dem großen Walde, der auf der andern Seite das Gebäude umgab. In die Stadt kam sie selten. Aber in dem Walde brachte sie Tage zu, manchmal wie eine in wunderbarer Pracht blühende Blume unter den hohen Bäumen träumend, manchmal wie das schlanke, zart und fein gegliederte Reh auf dem Moose, zwischen dem Gebüsche umherspringend. So war sie in der Wildniß groß geworden, aber nicht wild; das sah man dem großen blauen, seelenvoll träumenden Auge, das sah man dem feinen Gesichte voll Liebe und Milde, das sah man der ganzen weichen und edlen Erscheinung an. Sie zählte siebenzehn Jahre, als der Tod ihre Mutter von langen und schweren Leiden erlöste. Als der Präsident das Ende seiner Tochter herannahen sah, hatte er den Fürsten um seinen Abschied gebeten; zugleich um die Erlaubniß, die ihm gesetzlich zustehende Pension im Auslande verzehren zu dürfen. Beides war ihm bewilligt worden. Als der Tod eingetreten war, sagte er zu seiner Enkelin: „Halte Dich bereit, Agathe;

am Morgen nach der Beerdigung reisen wir ab."

Die Beerdigung sollte am zweiten Tage nach dem Tode stattfinden. Agathe hatte in der kurzen Zeit sich auf so Vieles bereit zu halten, bereit zu machen. Auch in dem großen Walde war sie während der beiden Tage gewesen, allein wie immer. Am Tage der Beerdigung kam sie spät daraus zurück, erst nach fünf Uhr Abends; um sechs Uhr sollte der Leichenzug beginnen. Sie kam mit heißen Thränen zurück; sie hatte wohl auch noch von Anderem Abschied genommen, als von den Bäumen, dem Walde, den Büschen, und es war wohl ein Abschied für das Leben gewesen. Aber als sie die Propstei betrat, trocknete sie die Thränen. Sie hatte sich zu einem festen Entschlusse erhoben, und ein Entschluß kann aufkeimen und auftauchen unter dem Weinen und Schluchzen des Herzens; wenn indeß das Herz zu seiner Fassung sich erhebt, dann hat es sich auch über seinen Schmerz erhoben.

Sie ging in das Gemach, in dem die Leiche ihrer Mutter stand. Es war eins der Prunkgemächer der Propstei; seine Wände waren schwarz verhangen. In seiner Mitte stand der einfache, schwarze Sarg von brennenden Wachskerzen umgeben, derselbe war geöffnet und der Deckel zur Seite gelegt. Die Leiche lag auf weiße seidene Kissen und auf frische Blumen gebettet. Das Gesicht der Todten zeigte das Unglück des Lebens, die Seligkeit des Himmels; es war so schön in seinen Leiden, in seinem Frieden. Agathe war allein bei der todten Mutter. Sie kniete neben ihr nieder, nahm ihre kalte Hand, drückte ihre warmen Lippen darauf und betete dann still. Was sie betete? Um wie Vieles hat ein frommes, gläubiges Kinderherz an dem Sarge der Mutter den lieben Gott im Himmel zu bitten, für sie, durch sie! Und durch die Mutter bat sie nicht blos für sich.

„O, gieb ihm die Kraft, daß er es trage!" sprachen ihre Lippen einmal laut, aus dem tiefsten Grunde ihres Herzens.

Zu der Betenden trat der alte Kammerdiener des Präsidenten; er hatte die lauten Worte ihres Herzens gehört.

„Kannst Du es tragen, Du armes Kind?" sagte er.

„Muß ich nicht, Konrad? Darf ich den Großvater verlassen? Er liebt mich über Alles. Ich bin ihm Alles."

„Ja," sagte der alte Mann, „Du bist ihm Alles, er liebt nur Dich; o, Du weißt nicht, wie sehr er Dich liebt." Er sprach es so traurig, als wenn es ein Unglück sei.

In dem Nebenzimmer schlug eine Uhr sechs, da wurden im Vorzimmer Tritte laut. Die Thür öffnete sich und der Präsident von Ballard trat ein. Er war ein hoher, stattlicher, stolzer Greis. Seine Gesichtszüge hatten den finstern, strengen Ausdruck seines Wesens; es lag noch mehr darin, man sah in ihnen ein hartes oder ein gebrochenes Herz. Still stellte er sich an den Sarg und betrachtete lange die Leiche. Er sprach kein einziges Wort; in seinem Gesichte bewegte sich kein Muskel. Dann hob er mit dem Diener den Deckel auf den Sarg, öffnete darauf selbst die Thür des Vorzimmers und sechs schwarz gekleidete Männer traten ein, hoben den Sarg auf und trugen ihn aus dem Trauergemach. Der Präsident, seine Enkelin und sein alter Kammerdiener Konrad folgten. Draußen vor dem Hause wurde der Leichenzug nur um wenige Menschen größer. Der Präsident und seine Enkelin setzten sich in einen Wagen, vor welchem die Träger mit der Leiche gingen, hinter ihm der alte Konrad und noch zwei Diener des Hauses. Kein anderer Verwandter, kein Freund der Verstorbenen oder des Präsidenten hatte sich angeschlossen, sich anschließen dürfen.

Der Zug bewegte sich langsam und still dem Walde zu, der sich dicht und dunkel unweit der Propstei erhob. Dort bog er in eine lange, schmale Allee von dunklen Tannen und weißen Birken ein. An ihrem Ende erblickte man auf einem kleinen Hügel ein niedriges Gebäude von grauem Stein. Zu beiden Seiten der Allee drängten sich, hinter den Tannen verborgen, Menschen, die sich den stillen Zug ansehen wollten. Die Gesichter zeigten blos Neugierde.

Zwischen den Zweigen einer Tanne aber stand ganz allein ein junger Jägersmann. Sein frischblühendes, kräftiges und doch so mildes Gesicht trug den Ausdruck des tiefsten Schmerzes, als wenn er mehr verloren habe, als Alle, die in dem Trauerzuge waren, und sein schmerzlicher Blick war an dem Sarge bald vorübergeglitten, wollte dann sich aber einbohren in das Innere des festverschlossenen Wagens. Da erschien hinter dem Fenster des Wagens ein bleiches Mädchengesicht, es schien einen Vorwurf aussprechen zu wollen:

„Bist Du doch hier? Es zerreißt Dir ja nur wieder Dein armes Herz, und ich hatte Dich so sehr gebeten!"

Aber der Vorwurf blieb tief hinten in den thränenfeuchten Augen zurück und auch aus dem Herzen hatte ihn die heiße Liebe verdrängt, bevor er darin laut werden konnte, und ein Blick des weichen Herzens und seiner Liebe rief dem jungen Jäger zu:

„Für Dich habe ich ja an dem Sarge meiner Mutter laut zu Gott gebetet. O, trage, trage standhaft und männlich, damit nicht auch ich zu Grunde gehe!"

Und der junge Mann legte seine Hände auf sein Herz, zum Zeichen, daß er sie verstanden habe und daß er thun wolle, wie sie sage. Der Zug hielt an dem Fuße des kleinen Hügels, auf dem das graue, niedrige Gebäude sich befand, das hier unter Tannen und Trauerweiden lag. Es war seit zwei Jahrhunderten das Grabgewölbe der Freiherren von Ballard, denen es der Landesfürst zum Eigenthum geschenkt hatte. Der Greis warf seine finsteren Blicke wie drohend auf das alte Gemäuer, das so manches Mitglied seiner Familie aufgenommen hatte, in dem heute seine einzige Tochter zur ewigen Ruhe beigesetzt werden sollte. Dem bleichen Kinde an seiner Seite stürzten bange Thränen aus den Augen.

Der Präsident war ausgestiegen. Am Arme seines Enkelkindes schritt er die

Stufen des Gewölbes hinan, die Diener folgten. Die tiefste Stille des Waldes und des Grabes herrschte rings umher. Plötzlich drangen aus der Ferne Töne hervor. Es waren lustige Klänge von Jagdhörnern, lautes Hundegebell; Schüsse fielen, Menschen riefen, Pferde wieherten. Den Greis durchzuckte es wie wilder Schmerz, wie wilderer Zorn. Seine Blicke flogen feindlich drohend zu dem Walde. Doch der stille Trauerzug mußte sich weiter bewegen unter den Klängen und Lauten der fröhlichen Jagd.

Der Sarg war beigesetzt, der Geistliche, der dem Zuge entgegengegangen war, hatte ein stummes Gebet gesprochen und nur der Präsident mit seinem alten Konrad und dem jungen Mädchen waren noch in dem Grabgewölbe zurückgeblieben.

„Sie war unglücklich," sprach der Präsident leise zu seiner Enkelin. „Wie sie wähnte, das Glück ihres Lebens gefunden zu haben, da war sie dem Verderben, dem Verrath in die Arme gefallen. Die eigene Mutter – Du sollst glücklich sein, Agathe; was ich ihr nicht verschaffen konnte, Dir bereite ich es. Was ihr seine Krallen in das Herz schlug, der schnödeste, der schmachvollste Verrath, er soll Dir nicht nahen –"

Der Greis schwieg. Die Töne der Jagd waren näher gekommen, er horchte ihnen. Agathe hörte sie nicht.

„Du sprichst von meinem Vater," sagte sie. „Wer war mein Vater? Ihr spracht nie über ihn, Du nicht, die Mutter nicht. Es war Euer Geheimniß; löse es mir hier an dem Sarge meiner Mutter!"

„Still!" rief der Greis.

Draußen, unmittelbar vor dem Grabgewölbe, war ein Geräusch entstanden, Pferde waren herangesprengt, hatten gehalten; man hörte die Reiter absitzen, ihre Schritte der Gruft sich nähern. In das blasse Gesicht des Präsidenten stieg dunkle Röthe, in seinen Augen flammte wieder der wilde, feindliche Zorn. So wandte er sich zu der Thür, die plötzlich aufgerissen wurde. Ein Herr in glänzender Jagdkleidung, einen Ordensstern auf der Brust, stürmte laut in die stille Gruft der Todten, mit der Lust der Jagd, mit dem Uebermuth der Weinlaune, mit der Rücksichtslosigkeit eines hohen und hochmüthigen Herrn, der nie gehorchen mußte. Zwei andere Herren in reicher Jagdkleidung folgten ihm, Kammerherren oder Jagdjunker oder dergleichen. Jäger und Bediente sah man unten am Fuße des Hügels die edlen Jagdrosse halten.

Der Fürst stutzte doch, als er den Greis und das Mädchen sah. Sollte er hier umkehren? Aber er, der Herr, vor wem? Der Greis las es in dem stolzen Blicke des fürstlichen Jägers. Er trat ihm mit seinen flammenden Augen entgegen.

„Hoheit, ich begrabe meine Tochter!"

Weiter sprach er nichts. Durch das Gesicht des Fürsten flog eine plötzliche Blässe.

„Ah!" rief er.

Aber mit dem Ausrufe hatte er sich gefaßt.

„Mein lieber Präsident, ich statte Ihnen meine Condolenz ab."

Er sagte es mit der Kälte und Glätte einer ceremoniösen Vorstellung bei Hofe, dann wandte er seinen Blick auf das Mädchen. Er stand wieder überrascht durch die Schönheit des soeben zur Jungfrau gereiften Kindes. Aber auf einmal zuckte ein Gedanke in ihm auf.

„Ihre Enkelin?" fragte er den Präsidenten.

Der Greis antwortete nicht, er nahm den Arm seines Enkelkindes und führte sie zu dem Sarge der Mutter; es war, als wenn er sie so vor dem Fürsten, selbst vor dessen Blicken nur, beschützen wollte.

Der Fürst wandte sich, das Schweigen, die Bewegungen des Greises waren ihm eine Antwort auf seine Frage gewesen. Noch einmal mußten doch seine Augen das Mädchen suchen, diesmal nicht ihre Schönheit; es war ein so ganz besonderer Blick, mit dem er sie betrachtete. Dann entfernte er sich rasch, eilte den Hügel hinunter, schwang sich auf sein Pferd und sprengte in den Wald zurück, Gefolge und Dienerschaft folgten ihm. Agathe hatte die Blicke des stolzen, vornehmen Herrn gesehen.

„Wer war er?" fragte sie den Greis.

„Der Fürst des Landes."

„Er sah mich so sonderbar an. Was wollte er von mir?"

„Frage nicht."

Sie fragte nicht weiter. Dann verließen sie die Gruft und kehrten zur Propstei zurück. Hinter ihnen im Walde bliesen wieder die Hörner, bellten die Hunde, knallten die Büchsen, riefen die Menschen, wurde das ganze fröhliche Jagdleben wieder laut. Der Großvater und sein Enkelkind saßen im Wagen stumm beisammen. In der Propstei führte der Präsident das Mädchen in ihr Zimmer. Dort erst sprach er wieder.

„Es war Dein Vater, Agathe!"

Das Kind erschrak.

„Meine arme Mutter!" rief sie schmerzlich aus und verhüllte ihr Gesicht.

Der Präsident küßte ihre Stirn.

„Du sollst glücklich werden, mein theures Kind, glücklicher, als sie war."

DER REGIERUNGS-PRÄSIDENT

Der Präsident hatte sich in sein Arbeitszimmer begeben und saß dort lange still, den Kopf in die Hand gestützt. Es waren keine Gedanken der Trauer und des Schmerzes, denen er sich hingab; seine Blicke wurde finsterer, feindlicher, man sah nur Haß und Verachtung darin, einen Haß und eine Verachtung, wie gegen die ganze Welt. Er war noch in seiner vollen Trauerkleidung. Der Hut mit dem Trauerflor lag neben ihm auf einem Tische. Er erhob sich und zog eine Klingelschnur. Sein Kammerdiener erschien.

„Bist Du fertig, Konrad?"

Der alte Mann erbebte.

„Gnädiger Herr, heute? In dieser Stunde? In dieser Viertelstunde?" bat er.

Es war noch keine Viertelstunde seit ihrer Rückkehr von dem Leichenbegängnisse verflossen.

„Schweig'!" rief der Präsident.

„Herr, ich beschwöre Sie –"

„Gehen wir."

Der Diener schwieg. Der Präsident ging an seinen Secretär, nahm einen Dolch heraus, steckte ihn zu sich und setzte seinen Hut mit dem Trauerflor auf. Auf dem Tische brannten zwei Wachskerzen, denn es war schon dunkler Abend. Der Diener wollte sie auslöschen, dem Präsidenten kam aber ein Gedanke.

„Laß sie brennen!"

Der Diener ließ sie brennen und Beide verließen das Zimmer.

„Verschließ' die Thür," befahl der Präsident.

Der Diener verschloß die Thür und der Präsident nahm den Schlüssel zu sich. Wer von außen die Fenster des Zimmers sah, konnte meinen, der Präsident sei darin. Es war sein Arbeitszimmer und lag im ersten Stock, am

Ende eines kleinen Seitencorridors. Zehn Schritte davon war eine unscheinbare, schmale und niedrige Thür, die verschlossen war. Der Präsident zog einen Schlüssel hervor und schloß sie auf. Beide schritten durch dieselbe. Der Präsident verschloß sie wieder an der anderen Seite und ließ den Schlüssel hier stecken. Er wollte also zurückkehren und bei seiner Rückkehr das Schloß so schnell wie möglich öffnen können.

Herr und Diener befanden sich in einem völlig dunklen Raume; man konnte gar nichts darin unterscheiden. Gleichwohl gingen Beide mit sicherem Schritte weiter; sie mußten oft hier gewesen sein. Sie hatten nur wenige Schritte zurückzulegen, als sie nach unten steigen mußten. Es war eine schmale, enge Wendeltreppe, die sie hinunterführte. Sie stiegen tief; die Treppe zählte viele Stufen. Wieder standen sie vor einer verschlossenen Thür. Der Präsident zog wieder einen Schlüssel hervor und öffnete die niedrige, aber breite Thür. Man hörte, daß sie von Eisen war; sie ging schwer in ihren Angeln. Sie durchschritten auch sie. Aber der Präsident verschloß sie nicht wieder; er lehnte sie nur an und den Schlüssel ließ er im Schlosse auf der Seite, von der sie gekommen waren. Bei der Rückkehr konnte er sie um so schneller hinter sich verschließen. Sie waren wiederum in einem völlig dunklen Raume und sie gingen darin weiter, sicher wie vorhin. Sie gingen in einem langen Gange und an dem Widerhall ihrer Schritte hörte man, daß er schmal und oben gewölbt war. Auf den Seiten war feste Erde; es mußte ein unterirdischer Gang sein. Nach vielleicht einer Viertelstunde Gehens erreichten sie sein Ende. In den letzten Minuten waren ihre Schritte langsamer geworden; sie waren leiser aufgetreten; der Präsident, der vorauf schritt, hatte einige Male angehalten, als wenn er horche. Gesprochen hatten sie auf dem ganzen Wege kein Wort. Sie standen vor einer Mauer und horchten Beide, wie mit angehaltenem Athem. Sie vernahmen nicht das mindeste Geräusch, nicht diesseits, nicht jenseits der Mauer.

„Suchen wir, Konrad," sagte der Präsident.

Es waren die ersten Worte, die einer von ihnen sprach. Der Präsident suchte mit den Händen an der Mauer. Der Diener folgte seinem Beispiele und seinem Befehle nicht.

„Gnädiger Herr!" erhob er noch einmal seine bittende und warnende Stimme.

„Schweig'!" befahl ihm der Präsident wieder.

Aber der alte Diener gehorchte diesmal auch diesem Befehle nicht.

„Herr," sagte er, „um der Barmherzigkeit Gottes willen, die jeder Mensch einmal anrufen muß."

„Thor!" erwiderte ihm der Präsident.

„Herr, denken Sie an Gott!"

Der Präsident antwortete nicht.

„Denken Sie an seine Gerechtigkeit, auch hier auf Erden."

Der Präsident lachte bitter.

„Gerechtigkeit? Ich sah sie heute an dem Sarge meines Kindes. Die Verführte, die Verrathene lag da mit ihrem gebrochenen Herzen! Und er –? Gerechtigkeit? Ja, ja! Aber was ist sie denn? Zahn um Zahn, Auge um Auge! So steht es ja auch in der Bibel. Und wo man so nicht wieder vergelten, wo man nicht das Auge für das Auge ausreißen kann? Was thut denn da die Gerechtigkeit? Da sucht sie nach einem Ersatz, nach einem Andern für das Eine. So auch ich! Ja, ja! Er ist ja der Landesherr, und dem Landesherrn gehört das Blut und der Schweiß seines Landes, also auch das Geld! Landesherrliche Casse! Dieb! willst Du zu mir sagen? Räuber? Mit dem Strange oder dem Zuchthause willst Du mir drohen? Bah! Hinterher können sie mich hängen oder einsperren, wenn das Geld erst mein ist. Aber haben will ich es; mein Kind soll reich sein. Und nun komm! Oder willst Du nicht? Fehlt Dir der Muth? Willst Du mich lieber verrathen, anzeigen? Geh', geh'! Der Weg ist überall hinter uns offen, und ich kann hier allein fertig werden."

Der Greis hatte die Worte mit einer krankhaften Heftigkeit gesprochen, mit einer Wuth, einem Fanatismus, der an Wahnsinn grenzte. Sein Anblick hätte ein Grauen erregender sein müssen, wenn man in der tiefen Finsterniß die dunkle Röthe hätte gewahren können, die sich durch sein graues, hohles Gesicht zog, das Beben seiner Lippen, das irre Leuchten und Flackern seiner finsteren Augen unter den buschigen, tief herabhängenden Brauen, die verzerrten Züge des ganzen Greisenantlitzes. Der Diener hatte kein Wort der Erwiderung mehr.

„Fassen wir an, Herr!" sagte er.

Die Mauer, an der sie sich befanden, bestand aus großen, viereckigen Steinen. An den Steinen hatten die Hände des Präsidenten gesucht; dann auch die des Dieners. An einem der größten begegneten sie sich.

„Fassen wir an," sagte jetzt auch der Diener.

Aber in demselben Augenblicke ließ er los.

„Da war etwas!"

„Was sollte da sein?" rief der eifrige, der halb wahnsinnige Greis.

Der Diener riß ihn in den Gang zurück.

„Ich hörte ein Geräusch."

Der Präsident kam wieder zu sich.

„Wo war es?"

„Drüben, unmittelbar hinter der Mauer."

„Horchen wir."

Sie kehrten an die Mauer zurück; sie horchten wieder lange; sie vernahmen nichts.

„Du hattest Dich geirrt. Die Bureaustunden sind längst vorüber. Es kann Niemand mehr da sein."

„Sie werden hier wachen – die ganze Nacht. Der Landrentmeister mußte

25

heute an der Casse sein; er mußte entdecken, daß das Geld fehlte –"

„Er hätte mir Anzeige machen müssen, mir zuerst; ich bin sein Chef. Nur von mir konnten die weiteren Anordnungen ausgehen."

„Wenn er nun die Sache auf seine alleinige Verantwortung nahm, sie geheim hielt, um – ja, Herr, das Wort muß heraus – um den Dieb desto sicherer zu fangen?"

Der Präsident erwiderte ruhig:

„Zwei Nächte hinter einander stiehlt kein Dieb an demselben Orte."

„Wenn er nun dächte, daß der Dieb sich darauf verließe?"

Der Greis antwortete nicht. Jene Wuth war wieder über ihn gekommen.

„Wir hören nichts. Du hattest Dich geirrt. Horchen wir noch einmal. Dann an's Werk!"

Sie horchten noch einmal. Um sie her blieb die tiefste Stille.

„Fassen wir an," sagte der Präsident.

Sie faßten den Stein an, auf dem ihre Hände sich schon einmal begegnet waren. Er lag in der Mitte der Mauer, in der Brusthöhe der beiden Männer. Er war viereckig und maß zwei Fuß und mehr im Gevierte. An seiner linken Seite war seine Kante in auffallender Weise abgerundet; dadurch zeichnete er sich vor den andern Steinen der Mauer aus. In dieser war dadurch eine kleine Lücke gebildet. Dennoch schien er in der starken Mauer fest eingefugt zu sein.

„Schiebe Du dort, ich halte hier," sagte der Präsident zu dein Diener.

Er stemmte sich mit der Schulter gegen die rechte, scharfe Kante des Steins, daß er, wenn er lose lag, auf dieser nicht weichen konnte. Der Diener drückte mit der Kraft seines ganzen Körpers auf die linke, abgerundete Kante. Der Stein wich hier in die Mauer hinein, nur langsam, kaum einen Zoll breit. Der Diener wiederholte den Druck; der Stein wich weiter, aber immer langsam. Der alte Mann machte eine Pause, um neue Kräfte zu sammeln.

„Er ist wie eingerostet," sagte der Präsident während der Pause. „Seit zweihundert Jahren hat Niemand mehr von ihm gewußt; vielleicht noch länger nicht. Die alte Handschrift, in der ich von ihm las, war vierhundert Jahre alt. Sie lag unter handdickem Staube in dem Propsteiarchive. Ich fand sie durch Zufall, schon als Knabe, und behielt den Fund für mich. Der Stein war auch für die Mönche ein Geheimniß gewesen; nur der jedesmalige Propst hatte Kenntniß von ihm. Welchen Zweck er hatte? Zur Ehre Gottes, sagte das alte Document, zur Ehre Gottes solle der Propst –"

„Still, Herr!" rief leise der Diener.

„Was giebt es?"

„Es war mir, als hörte ich etwas."

Sie schwiegen Beide, aber sie hörten nichts.

„Du irrtest Dich," sagte noch einmal der Präsident. „Setzen wir unsere Arbeit fort."

Sie setzten ihre Arbeit fort, mühsam unter keuchendem Athem. Der Stein war schwer; er konnte nur auf einer Seite geschoben werden, und nur in schiefer Richtung. Endlich war eine Lücke da, nur eine kleine, man konnte nur mit der senkrecht gehaltenen Fläche der Hand hinein reichen. Aber die Lücke durchdrang die ganze Tiefe der Mauer.

„Es ist drüben dunkel!" sagte der Präsident.

„Wird man uns leuchten, wenn man uns fangen will?"

Der alte Diener sprach es für sich. Sie arbeiteten weiter. Der ganze Stein war nach und nach gewichen, zur Seite schief in die Mauer hinein. So war eine Oeffnung entstanden, durch welche ein Mensch in den Raum jenseits der Mauer gelangen konnte; er mußte sich freilich hineinlegen und konnte so nur hindurch kriechen. Herr und Diener machten, als die Oeffnung da war, unwillkürlich eine Pause. Sie mußten sich ausruhen und mußten noch einmal horchen. Sie sprachen kein Wort; sie hörten nichts. Der Präsident bewegte sich zuerst wieder. Er wollte sich in die Mauer legen. Der Diener hielt ihn zurück.

„Lassen Sie mich hinein, Herr!"

„Du fürchtest noch immer einen Hinterhalt?"

„Herr, es muß heute ein Unglück kommen."

„Und da willst Du es auf Dich nehmen?"

„Ja," sagte der alte Diener entschlossen.

Der Präsident sann einen Augenblick nach.

„Nein!" rief er dann.

„Herr, Sie haben heute Ihr Kind begraben!"

„Schweig'!"

Der Präsident legte sich in die Maueröffnung. Aber er brachte nur seinen Oberkörper hinein. So konnte er mit der Hand durch die Mauer langen, weit hinein in das undurchdringliche Dunkel auf der anderen Seite. Er that es, aber zögernd, fast nur zollweise, wie der Stein gewichen war, als wenn er fürchtete, mit jeder Linie weiter werde ihm die Hand plötzlich ergriffen, festgehalten. Nichts berührte ihm die Hand. Er wurde sicherer und tastete mit der Hand zur Seite. Er erreichte etwas. Er faßte es, er hob es auf. Die Hand wog es. Er hatte gefunden, was er suchte.

„Nimm an," sagte er zu dem Diener.

In die Hand des Dieners glitt eine große, schwere Goldrolle. Er legte sie neben sich unten an der Mauer nieder. Den Präsidenten schien wieder jene krankhafte Heftigkeit ergriffen zu haben.

„Ah," rief er. „Die Luft ist rein. Ich sagte es. Jetzt rasch, rasch!"

Er brachte Arm und Hand zum zweiten Male in die Oeffnung und langte wieder hindurch. Die Hand brauchte nicht mehr zu suchen. Sie fuhr nach der Stelle, an der sie die erste Rolle gefaßt hatte und wo noch viele lagen. Er nahm eine zweite und wollte die Hand zurückziehen. Es war unmöglich – er wurde gehindert.

DER POLIZEIRATH

Im Cassenzimmer des Regierungsgebäudes schlug die Uhr Sechs und zeigte damit das Ende der Bureaustunden für den heutigen Tag an. Die Beamten schickten sich an das Bureau zu verlassen. Die beiden Cassenschreiber erhoben sich zuerst, spritzten die Federn aus, streiften die Schreibärmel ab, nahmen ihre Hüte, wünschten dem Herrn Landrentmeister gehorsamst eine wohlschlafende Nacht und gingen. Auch der erste Cassendiener verließ das Bureau. Der zweite mußte bleiben, bis der Landrentmeister selbst ging, um hinter diesem abzuschließen und ihm die Schlüssel zu übergeben. Aber der Landrentmeister sagte zu ihm:

„Schmidt, Er kann gehen. Ich habe noch eine Arbeit vor, die mich eine Viertelstunde aufhält. Ich werde selbst abschließen."

Auch Schmidt ging.

Der Landrentmeister arbeitete ruhig weiter; er konnte es, wie aufgeregt er sein mochte. Er arbeitete länger, als eine Viertelstunde. Dann kam der Polizeirath Schwarz, wie er versprochen hatte.

„Löscht Euer Licht da aus, Aders."

„Warum?" fragte er.

„Diebe stehlen nur im Dunkeln."

„Wollen wir stehlen, Freund Schwarz?"

„Einen Dieb fangen, Freund Aders. Kommt mit in das Cassengewölbe."

Der Landrentmeister löschte das Licht aus und dann gingen Beide in das Gewölbe, dessen Thür Aders auf den Wunsch des Polizeiraths anlehnte.

„Jetzt öffnet den Schrank, der in der vorigen Nacht bestohlen war," sprach Schwarz.

Der Landrentmeister schloß den Schrank auf.

„Lehnt die Thür wieder an."

Der Andere that auch das.

„Und nun setzen wir uns. Ihr habt doch ein paar Stühle hier? Man sieht in der Finsterniß nicht die Hand vor den Augen."

Der Landrentmeister brachte die beiden Stühle herbei. Sie ließen sich darauf nieder, nahe an dem aufgeschlossenen Schrank.

„Und nun, Freund Schwarz, was ist Euer Plan?" fragte der Landrentmeister.

„Hier zu warten."

„Wie lange?"

„Wenn es sein muß, bis Euere Bureaustunden wieder anfangen."

„Und auf wen sollen wir denn vielleicht die ganze Nacht warten?"

„Auf den Cassendieb."

„Und wer ist es? An wen denkt Ihr?"

„Vorläufig an alle Welt."

„Habt Ihr seit heute Nachmittag nichts erfahren?"

„Gar nichts."

Der Landrentmeister machte eine kleine Pause mit seinen Fragen. Dann fuhr er doch wieder fort:

„Wie denkt Ihr es Euch, daß der Dieb hier hereinkommen werde?"

„Doch wohl durch irgend eine Oeffnung."

„Und wo könnte diese sein?"

„Wahrscheinlich in diesem Schranke."

„Und wo da?"

„In der Mauer."

„In der starken, festen Mauer?"

„Wir sind hier gleichsam unter der Erde, Freund Aders."

„Wenigstens unter dem Boden der Erde."

„Ihr nehmt die Sache wie ein Schulmeister. Indeß, unter der Erde giebt es Vielerlei, unter Anderem auch unterirdische Gänge. Ihr habt doch davon gehört? Wenn nun ein solcher unterirdischer Gang gerade in dieses Gewölbe und in diesen Schrank führte?"

„Wißt Ihr etwas davon, Schwarz?"

„Ich vermuthe. Ich habe freilich auch dunkle Erinnerungen von dunklen Sagen."

„Und woher sollte der Gang kommen? Wo sollte er beginnen?"

„Still! Hörtet Ihr da kein Geräusch?"

„Ich hörte nichts. Aber Ihr?"

„Es war mir, als krabble da etwas, an der andern Seite der Mauer. Aber meine Phantasie war wohl zu lebhaft."

Der Landrentmeister kam auf seine frühere Frage zurück.

„Wo sollte der unterirdische Gang ausmünden?"

„Nach meiner Berechnung in der Propstei."

Der Landrentmeister flog von seinem Stuhle auf.

„Gerechter Gott, da wohnt ja der Herr Regierungspräsident!"

„Ja, die Propstei ist seine Amtswohnung."

„Und an ihn dachtet Ihr?"

„Hattet Ihr an einen Andern gedacht?"

„Nein! Aber mein eigener Vorgesetzter! Ein so hoher Beamter!"

„Er wäre nicht der erste hohe Beamte, der stiehlt!"

„Und seinen eigenen Herrn, seinen Landesherrn zu bestehlen!"

„Auch das war schon da. In der Welt giebt es nichts Neues."

„Und während die Leiche seiner Tochter über der Erde stand!"

„Desto weniger sollte man an ihn denken."

„Aber was brachte Euch auf den Gedanken an ihn?"

„Allerlei. Zuerst mag er leben wollen. Der Mensch muß zu allererst selbst leben. Dann will er auch wohl eine Aussteuer für seine Enkelin haben. Auch dagegen kann man nichts sagen. Im Gegentheil, wenn der Vater nichts für sein Kind thut, so muß sogar nach den Gesetzen der Großvater eintreten. Und im Grunde nimmt er ja hier nur das Geld des Vaters."

„Schwarz, Ihr führt lästerliche Reden."

„Die Polizei darf sich das schon herausnehmen. Aber still! Da höre ich wahrhaftig etwas."

„Bei Gott!" rief der Landrentmeister.

„Jetzt aufgepaßt, Freund Aders."

Sie horchten mit angehaltenem Athem. Hinter der Mauer des Schranks, an dem sie sich befanden, wurde ein Geräusch laut. Woher es rührte, konnten sie nicht unterscheiden; sie vernahmen nur unbestimmte Töne, die theils in gleicher Höhe mit ihnen, theils niedriger, noch tiefer unter der Erde, zu sein schienen.

„Sollte es wirklich der Präsident sein?" sagte, beinahe jammernd, der Landrentmeister.

„Schweigt, daß man uns nicht hört."

„Was habt Ihr vor, Schwarz?"

„Schweigt!"

Das Geräusch jenseits der Mauer wurde stärker, deutlicher.

„Es wird an der Mauer, an den Steinen gearbeitet," sagte der Landrentmeister.

Der sonst so ruhige, gemessene Mann war in einer Aufregung, die er gar nicht bemeistern konnte.

„Ja," sagte ruhig der Polizeibeamte.

„Es ist mehr als Einer da! Sie sprechen mit einander.

„Der Herr und sein Diener," sagte der Polizeirath.

„Was werden wir machen, Schwarz?"

„Vor der Hand warten und – schweigen."

Warten mußten sie; aber schweigen konnten sie bald Beide nicht mehr. Sie waren von ihren Sitzen aufgesprungen und standen unmittelbar an dem Schranke. Sie standen ohne Bewegung, ohne Laut, nur dem Klopfen ihrer

Herzen konnten sie nicht gebieten, auch der Polizeibeamte nicht; sie hörten es. Dazwischen vernahmen sie immer deutlicher ein schweres, mühsames Arbeiten an der Mauer.

„Teufel, was machen sie da?" sagte der Polizeirath. Er konnte es nicht begreifen.

„Oeffnen wir die Thür des Schrankes," sprach der Landrentmeister.

„Seid Ihr toll?" erwiderte der Polizeirath. „Wenn sie Licht hätten und den Schrank offen sähen, so wäre Alles vorbei. Sie müssen erst im Schranke sein, wenn auch nur eine Hand."

Der Landrentmeister schwieg. Auch hinter der Mauer wurde es still. Die Arbeit hatte auf einmal aufgehört; es wurde auch nicht mehr gesprochen.

„Was ist denn das?" sagte der Polizeirath.

Es wollte ihm fast unheimlich werden. Da hörten sie wieder sprechen, und die Stimmen waren so nahe, so unmittelbar bei ihnen, als wenn sie schon im Schranke seien. Jedes Wort war zu verstehen.

‚Lassen Sie mich hinein, Herr.'

‚Du fürchtest einen Hinterhalt?'

Der Landrentmeister zitterte am ganzen Körper.

„Allmächtiger Gott, er ist es."

„Und sein Diener. Ich sagte es Euch ja."

„Was machen wir, Schwarz?"

‚Ja, jetzt kommt es darauf an. Verhaltet Euch ganz ruhig. Ich muß sehen, ob sie Licht haben. Sie haben keins. Es ist Alles dunkel geblieben. Durch irgend eine Ritze müßte man irgend einen Lichtstrahl sehen können. Jetzt gilt es. Knarrt die Thür des Schrankes, wenn man sie öffnet?'

„Nein."

„So öffnet sie. Ihr kennt sie. Aber Ihr zittert ja wie Espenlaub. Laßt mich!"

Der Polizeirath öffnete die Thür, es geschah ohne alles Geräusch. Aber in demselben Moment erstarrte er fast, mit ihm der Landrentmeister. Ihre Augen hatten sich seit einer Stunde an die Dunkelheit gewöhnt; sie konnten darin die Gegenstände wahrnehmen, wenn auch nur unbestimmt. Aus der dunklen Mauer kam langsam etwas Helles, Weißes hervor, bewegte sich einen Augenblick hin und her und verschwand plötzlich wieder. Aber der, helle, weiße Gegenstand hatte einen andern Gegenstand mit sich genommen.

„Eine Goldrolle!" flüsterte der Landrentmeister dem Polizeirath zu.

„Und es war seine Hand," sagte dieser.

„Und er ist uns entgangen."

„Wird er mit der einen Rolle zufrieden sein? Der Appetit –"

Die weiße Hand erschien zum zweiten Male. Sie war sicherer und schneller, als das erste Mal. Sie brauchte nicht hin und her zu suchen, sondern fuhr wie der Blitz nach einer zweiten Goldrolle und wollte damit zurück. Die nervige Faust des Polizeiraths ergriff, umspannte sie. Beide rangen miteinander, Beide lautlos in tiefer Finsterniß.

„Konrad!" rief der, mit dem der Polizeirath rang, nach Hülfe.

Der Landrentmeister erkannte die Stimme seines Vorgesetzten.

„Aders, jetzt auch Ihr heran!" rief der Polizeirath.

Da fühlte er die Hand, die er hielt, erlahmen. Der Schreck, von seinem Untergebenen als Dieb ergriffen zu werden, mußte den Präsidenten gelähmt haben. Aber in dem nämlichen Augenblicke fühlte der Polizeirath etwas Anderes. Ein scharfer Schnitt fuhr durch die Oberfläche seiner eigenen Hand. Die Finger hingen ihm schlaff und blutig herab. Er mußte seinen Gefangenen loslassen.

„Verdammt!" fluchte er.

Der Cassenbeamte aber athmete laut auf, als wenn ihm ein schwerer Stein vom Herzen gefallen sei.

„Verdammt!" sagte der Polizeirath noch einmal. „Er ist entkommen. Ihm nachsetzen? Wohin in dieser Finsterniß? Ohne Waffen? Es wäre Unsinn. Aber entgehen kann er mir nicht, ich habe ihn erkannt, ich habe seine Spur. Das Corpus delicti ist hier. Lasse ich mir zunächst meine Hand verbinden; der Schnitt ist zum Glück kein tiefer. Dann weiter!"

DER PRÄSIDENT UND DER POLIZEIRATH

Der Präsident saß an seinem Arbeitstische. Vor ihm lagen Briefe und andere Papiere. Er war mit ihnen beschäftigt und las sie; manche sah er nur flüchtig an, er kannte ihren Inhalt schon. Einzelne legte er bei Seite, andere warf er in das helle Feuer des Kamins neben ihm. Er war in seiner vollen Ruhe. Niemand hätte dem strengen, finsteren Gesichte eine Aufregung ansehen können. Er hatte auch Zeit zu dem Durchsehen und Ordnen und Verbrennen der Papiere, denn er hatte sich in dem Zimmer eingeschlossen. Als nach einer Weile an der Thür geklopft wurde, stand er auf, ging zu ihr und fragte, wer da sei.

„Konrad!" antwortete die Stimme seines Kammerdieners.

Der Präsident schloß die Thür auf und der alte Diener trat ein. Ihm sah man Gemüthsbewegung, Angst an.

„Bist Du fertig?" fragte ihn der Präsident.

„Ja, Herr."

„Mit Allem? Das Geld –?"

„Ist an dem bewußten Orte."

„Und Agathe?"

„Folgt mir auf dem Fuße."

„Du hörtest draußen noch nichts?"

„Nicht das Geringste. Wir sind noch ganz sicher."

„Meinst Du? Ah, da kommt Agathe. Geh', wir folgen Dir in wenigen Minuten."

Der Diener ging. Agathe trat in das Zimmer in Reisemantel und Reisehut.

„Wir wollen schon heute Nacht fahren, Agathe," sagte der Präsident zu ihr.

„Konrad brachte mir Deinen Entschluß, lieber Großvater."

„Und ich freue mich, daß Du damit einverstanden warst. Der Schlaf wäre doch hier nicht zu uns gekommen… Setze Dich auf das Sopha, mein

Kind," fuhr er dann fort. „Ich habe noch ein paar Augenblicke an meinen Papieren zu ordnen."

Er begab sich wieder an seinen Tisch und fuhr fort mit dem Ordnen und Vernichten seiner Briefschaften, vollkommen so ruhig und bedächtig, wie vorhin. Ein großes, versiegeltes Schreiben legte er allein. Agathe hatte sich nicht auf das Sopha gesetzt, sie trat in ein Fenster, drückte das blasse Gesicht an die Scheiben und blickte mit den verweinten Augen in die Nacht hinaus. Das Fenster ging nach dem Walde hin, nach der Gruft, in der ihre Mutter ruhte, auch nach einer andern Stelle. Sie sah still hin; Thränen glitten über ihre Wangen. Der Präsident war fertig und trat zu ihr.

„Du schaust nach Deiner armen Mutter aus?" sagte er.

„Sie ist da so allein, Großvater."

„Sie ist bei ihren Ahnen, Agathe."

„Die Todte bei den Todten!"

„Der Tod versammelt uns Alle wieder. Er trennt, um wieder zu vereinigen."

Agathe antwortete nicht. Ihr Blick war nach einer andern Seite des Waldes gerichtet. Heiße Thränen stürzten plötzlich aus ihren Augen; sie mußte laut aufschluchzen.

„Komm, mein Kind," sagte der Präsident.

Er wußte wohl nicht ganz, was diese neuen Thränen bedeuteten. Er nahm ihre Hand und zog sie mit sich aus dem Zimmer.

„Deine Reisekleidung, Großvater?" frug sie dann, in all' ihrem Weh und Schmerz fähig, auf den Greis zu achten.

„Konrad wird sie in den Wagen gelegt haben."

Er sprach es freilich in so sonderbarem Tone, und darauf achtete sie nicht. Er führte sie zu dem Reisewagen, der draußen an dem Portale hielt. An dem Schlage des Wagens stand der Diener Konrad, der Kutscher saß auf dem Bocke. Weiter war Niemand da. Der Präsident hatte es so befohlen. Er hob das Kind in den Wagen.

„Fahre langsam voran," sagte er zu dem Kutscher, „bis an das Hofthor."

„Wo bleibst Du, Großvater?" fragte Agathe.

„Ich hatte etwas vergessen. Ich muß mit Konrad auf einen Augenblick in das Haus zurück. An dem Thore werden wir wieder bei Dir sein."

Das Mädchen beruhigte sich. Der Wagen fuhr langsam voran. Herr und Diener waren stehen geblieben.

„Konrad, Du fährst mit dem Kinde allein. Du weißt Alles."

„Und Sie, Herr?"

„Ich bleibe hier."

„Was haben Sie vor?"

„Frage nicht."

„Herr, ich beschwöre Sie."

„Geh!"

„Herr, Herr, ich verlasse Sie nicht. Ich kann es nicht."

„Willst Du das Kind allein lassen?"

„Ich hole sie zurück."

„Um sie zu tödten?"

„Großer Gott, was soll ich?" rief der alte, treue Diener in seiner Verzweiflung.

„Deinem Herrn gehorchen," sagte ruhig der Präsident.

Der Diener hatte keine Gegenworte mehr, aber ein inneres Entsetzen schüttelte seinen Körper.

„Was sage ich dem Kinde?" fragte er nur noch.

„Was Du willst."

Herr und Diener trennten sich. Konrad eilte dem Wagen nach. Der Präsident blieb an dem Portal stehen. Als er nach einigen Minuten den Wagen fortrollen hörte, immer weiter, bis er durch die stille Nacht nichts mehr vernahm, wollte er in das Haus zurückkehren. Da wurde auf einer andern Seite etwas laut. Von der Stadt her kam ein Wagen mit Reitern näher.

„Ah," sagte der Präsident und er blieb stehen, wo er stand.

Der Wagen fuhr, die Reiter sprengten in den Hof. An dem Portal schwangen sich einige aus den Sätteln. Unter ihnen war mit seiner verbundenen Hand der Polizeirath Schwarz. Er wollte seinen Begleitern Befehle ertheilen. Der Präsident trat aus dem Dunkel des Thores auf ihn zu.

„Sie suchen mich, Herr Polizeirath?"

„Ah, mein Herr Präsident –!"

„Ich bin Ihr Gefangener."

Der Polizeirath hatte sich von seiner Ueberraschung erholt.

„Herr Präsident, ich werde Sie bitten müssen, diesen Wagen zu besteigen."

„Hm, Herr Polizeirath, dürfte ich Sie vorher bitten, mich auf einen Augenblick in meine Wohnung zu begleiten? Nur um mich umzukleiden. Ihre Gensd'armen nehmen Sie mit."

„Wie Sie befehlen, Herr Präsident."

Der Präsident und der Polizeirath, gefolgt von zwei Gensd'armen, gingen in das Haus.

DAS KIND

Am dritten Abende nach den bisher erzählten Begebenheiten bewegte sich wieder ein Leichenzug aus der Propstei nach dem Walde hin und nach dem Grabgewölbe, das der Landesherr der Familie der Freiherren von Ballard als Erbbegräbniß überlassen hatte. Diesmal war es ein glänzender Leichenzug; sechs schwarz gekleidete Männer trugen den Sarg und hinter diesem ging ein Herr, der auf sammtnem Kissen eine Menge Orden trug, die in seinem Leben den Verstorbenen geschmückt hatten.

Dann kam das große Leichengefolge; zuerst der Wagen des Fürsten, des Herrn des Landes; zu Fuße folgte eine unabsehbare Reihe von Herren, wieder zuerst ein Adjutant des Fürsten, als dessen Stellvertreter. Neben ihm ging der zweite Präsident der Regierung, deren erster Präsident der Verstorbene gewesen war; auch das ganze Collegium und sämmtliche Beamte der Regierung waren da und sämmtliche andere Behörden der großen Provinzstadt waren vertreten und die Bürgerschaft in allen ihren Schichten. Waren doch der Wagen und der Adjutant des Fürsten an der Spitze des Zuges! Da drängte sich Alles zu der Theilnahme.

Aber Eines fehlte dem ernsten Trauerzuge, jene stille, ernste Trauer, mit welcher vor drei Tagen die arme Frau auf demselben Wege zu der Gruft ihrer Ahnen geleitet worden war.

Und Agathe fehlte. Damen waren ja gar nicht in dem Zuge.

Der Adjutant und der Vicepräsident und die Räthe der Regierung gingen in feierlicher Stille; ihre amtliche Stellung forderte das. Die Subalternbeamten durften dagegen leise miteinander sprechen; hinten im Zuge hielt man sich ungenirter.

„Ein eigenthümlicher Todesfall, dieser!"

„Ich denke, ein geheimnißvoller!"

„Und jeder geheimnißvolle Todesfall ist schon eben darum ein eigenthümlicher, und wenn Leute, die über diesen Auskunft geben können, reden wollten –" Der Sprechende brach ab.

„Der Polizeirath Schwarz zum Beispiel," sagte der Andere.

„Auch der Landrentmeister Aders," warf der Erste geheimnißvoll hin.

„Sie meinen wirklich?"

„Daß in der Casse Geld gefehlt hat, ist nicht zu bestreiten."

„Und der Präsident hätte es bekommen?"

„Daß die Welt es sagt, wissen Sie so gut, wie ich."

„Die Welt sagt viel."

„Gewiß. Aber warum dieser plötzliche Selbstmord?"

„Ist nicht auch er nur ein Gerede der Welt, oder vielmehr der Stadt? Die besser Unterrichteten sprechen von einem plötzlichen Schlaganfall."

„So sprechen die besser Unterrichteten in jedem solchen Falle. Allein, um nur Eins anzuführen, warum hätten, noch bevor man von Tod oder Krankheit eine Ahnung hatte, Polizei und Gensd'armen die Propstei besetzt? Erst während sie da waren, starb der Präsident plötzlich; man sagt, nachdem er sich auf kurze Zeit von den Beamten entfernt hatte und in sein Arbeitszimmer gegangen war."

„Es ist allerdings auffallend."

„Sodann vernehmen Sie Folgendes: Unmittelbar darauf, an dem späten Abende, fuhr der Polizeipräsident mit dem Polizeirath und dem Landrentmeister nach dem fürstlichen Schlosse, dort hinten im Walde, eine Meile von hier, in dem sich der Fürst gerade zur Jagd aufhielt. Sie erhielten noch in der Nacht Audienz; der Fürst sprach lange mit ihnen. Dann mußte der Polizeirath noch in der nämlichen Nacht weiter. Die Enkelin des Präsidenten hatte gerade vor der Ankunft der Polizei und Gensd'armen, also auch kurz vor dem Tode ihres Großvaters, die Propstei verlassen; nur der alte Kammerdiener des Präsidenten hatte sie begleitet. Ihnen mußte der Polizeirath nachsetzen; er hatte den Weg erfahren, den sie genommen hatten. Er hatte sie freilich diesseits der Grenze nicht mehr eingeholt; die Grenze ist nur sechs Meilen von hier. In ihrem Wagen soll sich das sämmtliche Geld befunden haben, das in der Casse fehlte, man spricht von nahe an hunderttausend Thalern. Es war mit den Beiden über die Grenze gekommen; sie waren dort damit in Sicherheit; wir haben ja nicht einmal einen Cartelvertrag mit dem Nachbarlande. Dennoch sind die Beiden wieder hier, seit gestern schon, und sie sind nicht verhaftet, sie gehen frei umher."

„Und das Geld?" fragte der Begleiter des Erzählenden.

„Nun, wo das Fräulein ist, da wird auch das Geld nicht fern sein. Sie wissen, von welchem nahen Verhältnisse zwischen dem Fürsten und dem Fräulein man spricht."

„Aber warum hätte dann der Präsident sich das Leben genommen?"

„Fragen Sie lieber, warum er heimlich das Geld aus der Casse genommen hätte.“

„Freilich! Und Ihre Antwort darauf ist?“

„Ich weiß es nicht, und – wir sind an der Gruft, und das Grab deckt Vieles zu.“

Der Zug war an dem Grabgewölbe angelangt; Der Geistliche stand in der Thür, die Leiche zu empfangen, die in das Gewölbe getragen und dann niedergesetzt wurde. Der Sarg der Tochter des Präsidenten hatte die letzte Reihe der Särge geschlossen. Der Sarg des alten Präsidenten eröffnete eine neue Reihe, um für alle Zeiten der erste und der letzte zu bleiben. Mit ihm war sein Geschlecht ausgestorben.

Als das Leichenbegängniß vorüber, als Alles fort war, was den Zug gebildet hatte, als um den Hügel und im Walde wieder die tiefe Stille herrschte und das Dunkel des Abends hereingebrochen war, als ein Diener der Propstei das Grabgewölbe verschließen wollte, da traten aus dem Dunkel des Abends noch langsam und leise zwei Personen heraus, ein junges Mädchen und ein alter Mann. Sie stiegen schweigend den Hügel hinauf. Der Diener trat vor ihnen zurück und ließ die Thür des Gewölbes offen. Sie schritten in die Todtengruft. Agathe warf sich an dem Grabe ihres Großvaters auf die Kniee und lag lange in ihrem stillen, innigen und schmerzlichen Gebete; der alte Diener Konrad stand stumm neben ihr. Als das Kind sich wieder erhob, reichte sie dem Greise die Hand.

„Wie hat er mich geliebt Konrad! Er, der stolzeste Mann der Welt, gab für mich seine Ehre hin. Zu stolz, für mich zu bitten, zu fordern, wurde er zum Diebe für mich, und dann –“

Sie konnte vor Schmerz und Thränen nicht weiter sprechen. Der alte Diener aber sagte zu ihr:

„Und bist Du nicht seine würdige Enkelin? Liebtest Du ihn nicht, wie er Dich? Warst Du nicht stolz, wie er? Nein, stolzer, als er es war? Ihn hatte zugleich eine furchtbare Verblendung ergriffen; Du handeltest mit dem klarsten und edelsten Bewußtsein.“

Und er hatte Recht, der alte Mann. Agathe hatte mit dem klarsten und edelsten Bewußtsein gehandelt, und so handelte sie ferner. Sie hatte an jenem Abend mit dem alten Diener das erste Städtchen jenseits der Grenze erreicht und hatte dort angehalten. Der Großvater wollte sich hier mit ihr vereinigen, hatte der Diener ihr gesagt, und sie wollte ihn erwarten. Statt des Erwarteten war nach einigen Stunden der Polizeirath Schwarz gekommen. Er hatte in dem fremden Lande keine Gewalt über sie. Sie wären hier nicht einmal auf seine Requisition angehalten worden. Er verfolgte sie auch nicht eigentlich; er wollte sich nur die mögliche Gewißheit über das Geschehene und vielleicht irgend eine Sicherung für die Wiedererlangung der entwendeten Cassengelder verschaffen. Er wußte zu Agathe zu gelangen. Der Diener Konrad hatte ihn nicht zurückhalten können.

„Mein gnädiges Fräulein, ich muß mich mit einer Trauerbotschaft bei Ihnen einführen."

Er theilte ihr mit, daß ihr Großvater nicht mehr am Leben sei; ein plötzlicher Schlagfluß habe ihn gleich nach ihrer Abreise getödtet. Agathe drohte umzusinken. Der Polizeirath kannte das menschliche Herz.

„Mein gnädiges Fräulein, ich habe Sie auf noch Schwereres vorzubereiten. Aus der Regierungscasse ist eine bedeutende Summe Geldes auf unerklärliche Weise entkommen. Es kann nur in die Hände Ihres Großvaters gelangt sein, und ich habe Grund zu vermuthen, daß es sich in dem Wagen befindet, der Sie hierhergebracht hat."

Da erhob das Mädchen, das Kind, sich in der vollen Reinheit ihres Herzens, in ihrem edelsten Stolze.

„Mein Herr, untersuchen Sie den Wagen. Konrad!" rief sie.

Der Diener kam und sie gingen gemeinschaftlich zu dem Wagen.

„Konrad, ist in diesem Wagen Geld verborgen?"

Ein halber Blick auf das edle Mädchen zeigte dem braven Manne, was er zu thun habe. Er öffnete einen verborgenen Kasten des Wagens. Der Kasten war mit Goldrollen angefüllt. Agathe war kreideweiß geworden. Sie mußte sich krampfhaft an dem Arme des Dieners festhalten.

„Er that es für Dich, Agathe," flüsterte der alte Mann ihr zu. „Er wollte Dich glücklich machen."

Sie wußte Alles. Sie hatte ihre Fassung wieder.

„Mein Herr, ich bin Ihre Gefangene!" sagte sie zu dem Polizeirath.

„Nicht meine Gefangene, mein gnädiges Fräulein. Aber es wird Ihnen ein Bedürfniß sein, in der Nähe des theuren Todten zu weilen."

Es war so. Agathe kehrte zu der Propstei zurück. Mit ihr der alte Diener. Er wußte, was ihm bevorstand; denn er war der Theilnehmer an dem schweren Verbrechen des Präsidenten. Er konnte das Mädchen nicht verlassen. Der Polizeirath hatte das Geld an sich genommen; es fehlte nichts daran. Er übergab es dem Polizeipräsidenten, und dieser fuhr zu dem fürstlichen Jagdschlosse in der Nähe der Stadt, dem Fürsten den Bericht von den neuen Ereignissen abzustatten. Der Fürst befahl, von der Sache durchaus kein weiteres Gerede zu machen.

Am andern Morgen erschien bei Agathen ein alter Kammerherr, ein Vertrauter des Fürsten. Er kam im Auftrage desselben, ihr das Geld zurückzubringen; der Fürst hatte so viel hinzugesetzt, daß es die volle Summe von hunderttausend Thalern war. Agathens schönes Gesicht wurde bei dem Anerbieten von glühender Röthe übergossen, dann wieder kreideweiß.

„Nein, mein Herr!" rief sie. „Sagen Sie Seiner Hoheit meinen Dank. Ich kann von dem Gelde nichts annehmen, keinen Pfennig."

Der Kammerherr stand wie erstarrt.

„Aber Sie sind arm, mein gnädiges Fräulein!"

„Ich kann arbeiten."

Der Kammerherr mußte mit dem Gelde zurückkehren. Einen Augenblick hatte sie geschwankt. Es war plötzlich ein Gedanke in ihr aufgetaucht. Aber sie wies ihn zurück, wie er gekommen war.

„Ich wollte etwas für Dich behalten," sagte sie zu dem alten Konrad. „Aber ich werde auch für Dich arbeiten."

Der Greis drückte ihr dankbar die Hand.

„Ich hätte es noch weniger nehmen können, als Du."

So waren das Mädchen und der alte Mann, als der Pomp der von dem Fürsten befohlenen Leichenfeier vorbei war, zu der Todtengruft gegangen, um dem geliebten Verstorbenen ihren stillen Schmerz zu weihen. Und von der Gruft kehrten sie nicht in die Propstei zurück. Sie gingen in den dunkeln Wald hinein, eine halbe Stunde lang. Dann hatten sie ein kleines, aber freundliches Haus erreicht. Ein Fenster unten an der Erde war hell darin.

„Bleib' Du ein paar Schritte zurück," bat das Mädchen ihren Begleiter.

Sie trat allein an das helle Fenster und blickte hindurch in ein freundliches und reinliches Stübchen. Eine alte Frau saß darin, und ein junger Jägersmann mit frisch blühendem, kräftigem und doch so mildem Gesichte. Mutter und Sohn sprachen mit einander, und das Mädchen konnte ihre Worte hören.

„Mutter," sagte der junge Mann, „Du hast gehört, was Agathe gethan hat. Wird sie Dir auch ohne Geld eine liebe Tochter sein?"

„Hätte sie das Geld nicht vielleicht hochmüthig gemacht, mein Sohn?" fragte die Mutter dagegen.

„Sie nicht! Sie nimmer!"

„Aber ich würde es immer gefürchtet haben. Und so recht aus dem Herzen lieben könnte ich sie nur, wenn sie wie Unsereins zu uns käme und bei uns bliebe."

„So komme ich zu Euch und so werde ich bei Euch bleiben!" rief das Mädchen durch das Fenster, und der junge Förster sprang hinaus und schloß sie in seine Arme und führte sie im Triumphe in sein Haus und zu seiner Mutter.

Manches Jahr war Agathe in dem kleinen Försterhause seine treue Försterin. Dann freilich – der Fürst war gestorben und sein Sohn – von Kron- und Erbprinzen hofft man immer Besseres und man spricht daher immer das Beste von ihnen, bis sie Regenten geworden sind – der Sohn des Fürsten machte eine Ausnahme, er wurde, was er und was man sich von ihm versprochen hatte, und der junge Fürst kam auch eines Tages in die kleine Försterei, um die junge Försterin zu sehen und dem Förster anzutragen, daß er sein Oberförster werde und in das Jagdschloß ziehen möge. Und das junge Paar zog in das schöne Jagdschloß, und nur die Erinnerung an das unglückliche Leben ihrer Mutter und das traurige Ende ihres Großvaters legte dann und wann einen trüben Schleier um Agathens

Glück.